El libro co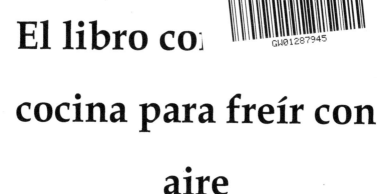 cocina para freír con aire

Disfrute de las recetas fáciles y apetitosas, desde los principiantes hasta los avanzados, que son perfectas para las dietas de pérdida de peso

Ursula Mayert

Índice de contenidos

Ursula Mayert 1
Copyright 2020 por Ursula Mayert 7

INTRODUCCIÓN 10

DESAYUNO 16

- Pan de maíz simple 16
- Pan de maíz con piña 19
- Avena de plátano 21
- Tazones de pan y huevos con queso 23
- Hash Mix de zanahorias cremosas 25
- Frittata de tomate 26
- Avena de fresa 28
- Huevos con pimientos y tomates 30
- Avena con setas 32
- Hash de coliflor 34
- Revuelto al pesto 35
- Hash de berenjenas y salchichas 37
- Huevos de salmón 39
- Cuencos de vainilla y mango 41
- Tazones de chile 42
- Tazones de setas, patatas y ternera 44
- Magdalenas de zanahoria 46
- Desayuno Frittata de pimientos 48
- Huevos revueltos 50
- Copas de huevo con salchicha 52
- Pimientos rellenos de queso 54
- Ensalada de pimientos asados 56
- Quiche sin corteza 58
- Huevos revueltos con leche 60
- Tostadas y salchichas en el estanque de los huevos 62
- Sabrosas tazas de bacon 64
- Rosti de patata crujiente 66
- Tortilla de jamón con estilo 68
- Tortilla de tofu saludable 70
- Pan de plátano con mantequilla de cacahuete 72
- Deliciosas tostadas francesas saladas 74
- Donas de arce hojaldradas 76
- Pastel de café Muffins 78
- Copas de manzana de avena al horno 80
- Fruta asada con bacon y yogur 82
- Huevos revueltos con queso 84

Panecillos de Grosella de Soda 86
Tostada francesa rellena de frambuesa 89
Rollos de manzana 91
Bocados de huevo a la pimienta 94
Granola de frutos secos crujientes 97
Pizza de desayuno 99
Frittata de verduras 102
Patatas picantes Hash Brown 105
Hamburguesas de salchicha de pera y salvia 108
Bombas de tocino 110
Patatas de la mañana 112
Bolsillos para el desayuno 114
Flautas de aguacate 116
Bocadillos de queso 118

Copyright 2020 por Ursula Mayert

- Todos los derechos reservados.

El siguiente Libro se reproduce a continuación con el objetivo de proporcionar información lo más precisa y fiable posible. Sin embargo, la compra de este libro puede considerarse como un consentimiento al hecho de que tanto el editor como el autor de este libro no son de ninguna manera expertos en los temas discutidos en el mismo y que cualquier recomendación o sugerencia que se hace aquí es sólo para fines de entretenimiento. Se debe consultar a los profesionales que sean necesarios antes de emprender cualquier acción respaldada en este libro.

Esta declaración es considerada justa y válida tanto por la American Bar Association como por el Comité de la Asociación de Editores y es legalmente vinculante en todo Estados Unidos.

Además, la transmisión, duplicación o reproducción de cualquiera de las siguientes obras, incluida la información específica, se considerará un acto ilegal, independientemente de si se realiza de forma electrónica o impresa. Esto se extiende a la creación de una copia secundaria o terciaria de la obra o de una copia grabada y sólo se permite con el consentimiento expreso por escrito de la Editorial. Todos los derechos adicionales están reservados.

La información contenida en las siguientes páginas se considera, en términos generales, una exposición veraz y exacta de los hechos y, como tal, cualquier falta de atención, uso o mal uso de la información en cuestión por parte del lector hará que cualquier acción resultante sea únicamente de su incumbencia. No existe ningún escenario en el que el editor o el autor original de esta obra puedan ser considerados de alguna manera responsables de cualquier dificultad o daño que pueda ocurrirles después de emprender la información aquí descrita.

Además, la información contenida en las páginas siguientes tiene únicamente fines informativos, por lo que debe considerarse universal. Como corresponde a su naturaleza, se presenta sin garantía de su validez prolongada ni de su calidad provisional. Las marcas comerciales que se mencionan se hacen sin el consentimiento por escrito y no pueden considerarse en modo alguno como un respaldo del titular de la marca.

Introducción

La freidora de aire es un aparato de cocina relativamente nuevo que ha demostrado ser muy popular entre los consumidores. Aunque hay muchas variedades disponibles, la mayoría de las freidoras de aire comparten muchas características comunes. Todas tienen elementos calefactores que hacen circular aire caliente para cocinar los alimentos. La mayoría vienen con ajustes preprogramados que ayudan a los usuarios a preparar una amplia variedad de alimentos.

La fritura al aire es un estilo de cocina más saludable porque utiliza menos aceite que los métodos tradicionales de fritura. Además de conservar el sabor y la calidad de los alimentos, reduce la cantidad de grasa utilizada en la cocción. La fritura al aire es un método común para "freír" alimentos que se elaboran principalmente con huevos y harina. Estos alimentos pueden quedar blandos o crujientes a su gusto utilizando este método.

Cómo funcionan las freidoras de aire

Las freidoras de aire utilizan un soplador para hacer circular aire caliente alrededor de los alimentos. El aire caliente calienta la humedad de los alimentos hasta que se evapora y crea vapor. A medida que el vapor se acumula alrededor de los alimentos, crea una presión que extrae la humedad de la superficie de los alimentos y la aleja del centro, formando pequeñas burbujas. Las burbujas crean una capa de aire que rodea el alimento y crea una corteza crujiente.

Elegir una freidora de aire

A la hora de elegir una freidora de aire, busque una que tenga buenas opiniones sobre la satisfacción de los clientes. Comience por las características que necesita, como la potencia, el tamaño de la capacidad y los accesorios. Busque una que sea fácil de usar. Algunas freidoras de aire del mercado tienen un temporizador incorporado y una temperatura ajustable. Busque una que tenga un embudo para recoger la grasa, una cesta apta para el lavavajillas y piezas fáciles de limpiar.

Cómo utilizar una freidora de aire

Para obtener los mejores resultados, precaliente la freidora de aire a 400 F durante 10 minutos. El precalentamiento de la freidora de aire permite alcanzar la temperatura adecuada más rápidamente. Además, precalentar la freidora de aire es esencial para asegurar que su comida no se queme.

Cómo cocinar cosas en una freidora de aire

Si aún no tienes una freidora de aire, puedes empezar a jugar con tus hornos echando unas patatas fritas congeladas y cocinándolas hasta que se doren uniformemente.

Dependiendo de tu horno, echa un vistazo a la temperatura. Puede que tengas que aumentar o disminuir el tiempo.

¿Qué alimentos se pueden cocinar en una freidora de aire?

Huevos: Aunque puedes cocinar huevos en una freidora de aire, no lo recomendamos porque no puedes controlar el tiempo y la temperatura de cocción con tanta precisión como con una sartén tradicional. Es mucho más fácil que los huevos se cocinen de forma desigual. Tampoco puedes añadir salsas o condimentos y no obtendrás bordes dorados y crujientes.

Alimentos congelados: Generalmente, los alimentos congelados se cocinan mejor en el horno convencional porque necesitan alcanzar una determinada temperatura para cocinarse correctamente. La freidora de aire no es capaz de alcanzar temperaturas que hagan que los alimentos se cocinen completamente.

Alimentos deshidratados: Los alimentos deshidratados requieren una fritura profunda, algo que no se puede hacer con una freidora de aire. Cuando se trata de cocinar alimentos deshidratados, la freidora de aire no es la mejor opción.

Verduras: Puedes cocinar verduras en una freidora de aire, pero tienes que asegurarte de que la freidora de aire no está ajustada a una temperatura que las queme.

Para asegurarse de que las verduras no se cocinan en exceso, ponga en marcha la freidora de aire con la cesta apagada, y luego eche las verduras una vez que el aire se haya calentado y ya no haya puntos fríos.

Asegúrese de remover las verduras cada pocos minutos. Cocinarlas en la cesta también es una opción, pero pueden pegarse un poco.

Patatas fritas: Freír las patatas fritas en una freidora de aire es una buena manera de conseguir patatas fritas crujientes y doradas sin añadir mucho aceite. En comparación con la fritura convencional, la fritura al aire libre aporta menos calorías.

Para cocinar las patatas fritas en una freidora de aire, utilice una cesta o una rejilla y vierta suficiente aceite para que llegue hasta la mitad de la altura de las patatas. Para obtener los mejores resultados, asegúrese de que las patatas fritas estén congeladas. Ponga la freidora de aire a 400 grados y programe 12 minutos. Si las quiere muy crujientes, puede programar 18 minutos, pero pueden quemarse un poco.

Beneficios de una freidora de aire:

- Es una de las formas más fáciles de cocinar alimentos saludables. Si se utiliza 4 o 5 veces por semana, es una opción más saludable que freír con aceite en el horno convencional o utilizar alimentos enlatados.

- Las freidoras de aire son una forma fácil de servir comida sabrosa que no ocupa mucho espacio. Las freidoras de aire permiten cocinar el triple de comida que en el microondas.
- Las freidoras de aire ocupan poco espacio y se pueden guardar en un armario cuando no se utilizan.
-Son aparatos de cocina versátiles. Puedes utilizarlos para cocinar alimentos para el almuerzo, la cena y los aperitivos.
- Las freidoras de aire requieren poco o ningún esfuerzo en la cocina. Puedes usarlas con la tapa puesta, lo que significa que hay que lavar menos.

Desayuno

Pan de maíz simple

Tiempo de preparación: 15 minutos

Tiempo de cocción: 25 minutos

Porciones: 8

Ingredientes:
1. 1 taza de harina de maíz
2. ¾ de taza de harina común
3. 1 cucharada de azúcar
4. 1½ cucharaditas de polvo de hornear
5. ½ cucharadita de bicarbonato de sodio

6. ¼ de cucharadita de sal
7. 1½ tazas de suero de leche
8. 6 cucharadas de mantequilla sin sal, derretida
9. 2 huevos grandes, ligeramente batidos

Direcciones:
1. En un bol, mezclar la harina de maíz, la harina, el azúcar, el bicarbonato, la levadura en polvo y la sal.
2. En un bol aparte, mezclar bien el suero de leche, la mantequilla y los huevos.
3. A continuación, añada la mezcla de harina y mézclela hasta que esté bien combinada.
4. Ajuste la temperatura de la Air Fryer a 360 grados F. Engrase ligeramente una fuente de horno de 8 pulgadas.
5. Transfiera la mezcla de harina de manera uniforme a la fuente de horno preparada.
6. Coloque el plato en la cesta de la Air Fryer.
7. Fría al aire libre durante unos 25 minutos o hasta que un palillo insertado en el centro salga limpio, dando la vuelta al plato una vez a mitad de camino.
8. Sacar de la Air Fryer y colocar el plato sobre una rejilla durante unos 10-15 minutos.
9. Con cuidado, saque el pan de la fuente y póngalo en una rejilla hasta que se enfríe completamente antes de cortarlo.
10. Cortar el pan en rebanadas del tamaño deseado y servir.

La nutrición:

Calorías: 217

Carbohidratos: 24,9g

Proteínas: 5,6g

Grasa: 10,9g

Azúcar: 3,9g

Sodio: 286mg

Pan de maíz con piña

Tiempo de preparación: 10 minutos

Tiempo de cocción: 15 minutos

Porciones: 5

Ingredientes:

- 1 paquete (8½ onzas) de panecillos de maíz Jiffy
- 7 onzas de piña triturada en lata
- 1/3 de taza de zumo de piña en lata
- 1 huevo

Direcciones:

- En un bol, mezclar todos los ingredientes.
- Ajuste la temperatura de la Air Fryer a 330 grados F. Engrase un molde redondo para pasteles. (6"x 3")
- Coloque la mezcla de manera uniforme en el molde preparado.
- Coloque el molde en la cesta de la Air Fryer.
- Fría al aire libre durante unos 15 minutos o hasta que un palillo insertado en el centro salga limpio.
- Sacar de la Air Fryer y colocar la sartén en una rejilla durante unos 10-15 minutos.
- Con cuidado, saque el pan de la sartén y póngalo en una rejilla hasta que se enfríe completamente antes de cortarlo.
- Cortar el pan en rebanadas del tamaño deseado y servir.

La nutrición:

Calorías: 220
Carbohidratos: 40g
Proteínas: 3,8g
Grasa: 6,4g
Azúcar: 14,1g
Sodio: 423mg

Avena de plátano

Tiempo de preparación: 5 minutos

Tiempo de cocción: 20 minutos

Porciones: 4

Ingredientes:

1. 2 tazas de avena antigua
2. 1/3 de taza de azúcar
3. 1 cucharadita de extracto de vainilla
4. 1 taza de plátano, pelado y triturado
5. 2 tazas de leche de almendras
6. 2 huevos, batidos
7. Spray de cocina

Direcciones:

- En un bol, combinar la avena con el azúcar y los demás ingredientes, excepto el spray de cocina, y batir bien.

- Caliente su freidora de aire a 340 grados F, engrase con spray de cocina, añada la mezcla de avena, mezcle, tape y cocine durante 20 minutos.
- Dividir en cuencos y servir para el desayuno.

La nutrición:

Calorías 260

Grasa 4

Fibra 7

Carbohidratos 9

Proteína 10

Tazones de pan y huevos con queso

Tiempo de preparación: 10 minutos

Tiempo de cocción: 30 minutos

Porciones: 4

Ingredientes:
1. 1 taza de pan integral, cortado en cubos
2. 1 taza de mozzarella rallada
3. 2 cucharadas de aceite de oliva
4. 1 cebolla roja picada
5. 1 taza de salsa de tomate
6. Sal y pimienta negra al gusto
7. 8 huevos, batidos

Direcciones:

- Añada el aceite a su freidora de aire, caliéntelo a 340 grados F, añada la cebolla, el pan y los otros ingredientes, revuélvalos y cocínelos durante 20 minutos sacudiéndolos a mitad de camino.
- Dividir en platos y servir para el desayuno.

La nutrición:

Calorías 211

Grasa 8

Fibra 7

Carbohidratos 14

Proteína 3

Hash Mix de zanahorias cremosas

Tiempo de preparación: 10 minutos

Tiempo de cocción: 20 minutos

Porciones: 4

Ingredientes:
1. 1 libra de zanahorias, peladas y cortadas en cubos
2. 4 huevos, batidos
3. 1 taza de crema de coco
4. 1 cucharada de aceite de oliva
5. 1 cebolla roja picada
6. 1 taza de mozzarella rallada
7. 1 cucharada de cebollino picado
8. Sal y pimienta negra al gusto

Direcciones:
- Caliente su freidora de aire con el aceite a 350 grados F, añada el hachís de zanahorias y los otros Ingredientes, mezcle, tape, cocine por 20 minutos, divida entre los platos y sirva.

La nutrición:

Calorías 231

Grasa 9

Fibra 9

Carbohidratos 8

Proteína 12

Frittata de tomate

Tiempo de preparación: 10 minutos

Tiempo de cocción: 20 minutos

Porciones: 4

Ingredientes:
1. 1 taza de tomates cherry cortados por la mitad
2. 8 huevos, batidos
3. 1 cebolla roja picada
4. 1 cucharada de aceite de oliva
5. 1 cucharada de cebollino picado

6. ½ taza de mozzarella rallada
7. Sal y pimienta negra al gusto

Direcciones:

- En un bol, combinar los huevos con los tomates y los demás ingredientes, excepto el aceite, y batir bien,
- Caliente su freidora de aire a 300 grados F, añada el aceite, caliéntelo, añada la mezcla de frittata, extiéndala y cocínela durante 20 minutos.
- Repartir en los platos y servir.

La nutrición:

Calorías 262

Grasa 6

Fibra 9

Carbohidratos 18

Proteína 8

Avena de fresa

Tiempo de preparación: 4 minutos

Tiempo de cocción: 15 minutos

Porciones: 4

Ingredientes:
1. 1 taza de avena antigua
2. ½ taza de fresas picadas
3. 2 tazas de leche de almendras
4. 2 huevos, batidos
5. ¼ de cucharadita de extracto de vainilla

Direcciones:

- En un bol, combinar la avena con la leche y los otros ingredientes y batir bien.
- Caliente su freidora de aire a 350 grados F, añada la mezcla de bayas y cocine durante 15 minutos.
- Dividir en cuencos y servir para el desayuno.

La nutrición:

Calorías 180

Grasa 5

Fibra 7

Carbohidratos 12

Proteína 5

Huevos con pimientos y tomates

Tiempo de preparación: 10 minutos

Tiempo de cocción: 20 minutos

Porciones: 4

Ingredientes:
1. 8 huevos, batidos
2. 1 taza de pimientos asados, picados
3. 1 taza de tomates picados
4. Spray de cocina
5. 1 cucharada de cebollino picado
6. ½ cucharadita de pimentón dulce
7. Sal y pimienta negra al gusto

Direcciones:
- En un bol, combine los huevos con los pimientos, los tomates y los demás ingredientes, excepto el spray de cocina, y bata bien.
- Caliente su freidora de aire a 320 grados F, engrase con el spray de cocina, añada la mezcla de huevos, tape y cocine durante 20 minutos.
- Dividir en platos y servir para el desayuno de inmediato.

La nutrición:

Calorías 190

Grasa 7

Fibra 7

Carbohidratos 12

Proteína 4

Avena con setas

Tiempo de preparación: 5 minutos

Tiempo de cocción: 20 minutos

Porciones: 4

Ingredientes:
1. 1 cucharada de aceite de aguacate
2. 1 taza de champiñones blancos, cortados en rodajas
3. 8 huevos, batidos
4. 1 taza de avena antigua
5. 1 cebolla roja picada
6. ½ taza de crema de leche
7. Sal y pimienta negra al gusto
8. 1 cucharada de eneldo picado

Direcciones:

- En un bol, mezclar los huevos con la avena, la nata y los demás ingredientes, excepto el aceite y las setas, y batir.
- Caliente la freidora de aire con el aceite a 330 grados F, añada los champiñones y cocínelos durante 5 minutos.
- Añada el resto de los ingredientes, mezcle y cocine durante 15 minutos más.
- Dividir en cuencos y servir para el desayuno.

La nutrición:

Calorías: 192

Grasa: 6

Fibra: 6

Carbohidratos: 14

Proteínas: 7

Hash de coliflor

Tiempo de preparación: 10 minutos

Tiempo de cocción: 20 minutos

Porciones: 4

Ingredientes:

1. 1 libra de flores de coliflor
2. 8 huevos, batidos
3. 1 cebolla roja picada
4. Un chorrito de aceite de oliva
5. ½ cucharadita de pimentón dulce
6. ½ cucharadita de cilantro molido
7. 1 taza de mozzarella rallada
8. Sal y pimienta negra al gusto

Direcciones:

1. Caliente la freidora a 350 grados F con un chorrito de aceite, añada la coliflor, los huevos y los demás ingredientes, bata y cocine durante 20 minutos.
2. Dividir el hachís entre los platos y servirlo para el desayuno.

La nutrición:

Calorías 194

Grasa 4

Fibra 7

Carbohidratos 11

Proteína 6

Revuelto al pesto

Tiempo de preparación: 3 minutos

Tiempo de cocción: 15 minutos

Porciones: 4

Ingredientes:
- 1 cucharada de mantequilla derretida
- 8 huevos, batidos
- 1 cucharada de pesto de albahaca
- ½ cucharadita de pimentón dulce
- 1 cebolla roja picada
- Sal y pimienta negra al gusto
- 1 taza de queso mozzarella rallado

Direcciones:

- Caliente la freidora a 350 grados F con la mantequilla, añada la cebolla, los huevos y los demás ingredientes, bata y cocine durante 15 minutos sacudiendo la freidora a mitad de camino.
- Repartir el revuelto en los platos y servir.

La nutrición:

Calorías 187

Grasa 6

Fibra 6

Carbohidratos 13

Proteína 5

Hash de berenjenas y salchichas

Tiempo de preparación: 5 minutos

Tiempo de cocción: 20 minutos

Porciones: 4

Ingredientes:
1. 1 berenjena, cortada en cubos
2. 1 taza de salchichas cortadas en cubos
3. ½ libra de papas fritas
4. 2 huevos, batidos
5. ½ cucharadita de cúrcuma en polvo
6. 1 cucharada de cilantro picado
7. 1 cucharada de aceite de oliva
8. ½ taza de mozzarella rallada
9. Sal y pimienta negra al gusto

Direcciones:
- Caliente la freidora de aire con el aceite a 360 grados F, añada las salchichas y cocínelas durante 5 minutos.
- Añade las patatas fritas, la berenjena y los demás ingredientes, tapa y cocina durante 15 minutos más.
- Repartir todo entre los platos y servir.

La nutrición:

Calorías 270

Grasa 14

Fibra 3

Carbohidratos 23

Proteína 16

Huevos de salmón

Tiempo de preparación: 10 minutos

Tiempo de cocción: 15 minutos

Porciones: 4

Ingredientes:
1. 1 taza de filetes de salmón ahumado, sin espinas y cortados en cubos
2. 8 huevos, batidos
3. 1 cebolla roja picada
4. Spray de cocina
5. ½ cucharadita de pimentón dulce
6. ½ cucharadita de cúrcuma en polvo
7. ½ taza de crema de leche
8. 1 cucharada de cebollino picado

9. Sal y pimienta negra al gusto

Direcciones:

- Ponga la freidora de aire a 380 grados F y engrásela con el spray de cocina.
- En un bol, mezclar los huevos con el salmón y los demás ingredientes, batir, verter en la freidora, tapar y cocinar durante 15 minutos.
- Dividir en platos y servir para el desayuno.

La nutrición:

Calorías 170

Grasa 2

Fibra 2

Carbohidratos 12

Proteína 4

Cuencos de vainilla y mango

Tiempo de preparación: 5 minutos

Tiempo de cocción: 10 minutos

Porciones: 4

Ingredientes:

1. 1 taza de mango, pelado y cortado en cubos
2. 1 taza de crema de leche
3. 2 cucharadas de azúcar
4. Zumo de 1 lima
5. 2 cucharaditas de extracto de vainilla

Direcciones:

- En la sartén de la freidora de aire, combine el mango con la crema y los otros ingredientes, cocine a 370 grados F durante 10 minutos, divida en tazones y sirva para el desayuno.

La nutrición:

Calorías 170

Grasa 6

Fibra 5

Carbohidratos 11

Proteína 2

Tazones de chile

Tiempo de preparación: 5 minutos

Tiempo de cocción: 20 minutos

Porciones: 4

Ingredientes:
1. 1 libra de carne para guisar, molida
2. 1 cebolla roja picada
3. 1 cucharadita de chile en polvo
4. 8 huevos, batidos
5. Un chorrito de aceite de oliva
6. ½ taza de tomates enlatados, triturados
7. 1 pimiento rojo picado
8. 2 cucharadas de perejil picado
9. Sal y pimienta blanca al gusto

Direcciones:

- Calentar la freidora a 400 grados F, engrasar con el aceite, añadir la carne y la cebolla y cocinar durante 5 minutos.
- Añadir los huevos y los demás ingredientes, tapar, cocer durante 15 minutos más, repartir en cuencos y servir para el desayuno.

La nutrición:

Calorías 200

Grasa 6

Fibra 1

Carbohidratos 11

Proteína 3

Tazones de setas, patatas y ternera

Tiempo de preparación: 5 minutos

Tiempo de cocción: 20 minutos

Porciones: 4

Ingredientes:

1. 1 libra de carne para guisar, molida
2. 1 cucharada de aceite de oliva
3. ½ taza de champiñones, cortados en rodajas
4. 1 taza de patatas doradas, cortadas en cubos
5. 1 cebolla roja picada
6. 1 diente de ajo picado
7. ½ taza de tomates cherry, cortados por la mitad
8. 4 huevos, batidos
9. Sal y pimienta negra al gusto

Direcciones:

- Caliente la freidora de aire con el aceite a 400 grados F, añada la carne, los champiñones y la cebolla y cocine durante 5 minutos.
- Añadir las patatas y los demás ingredientes, cocinar durante 15 minutos más, repartir en los platos y servir para el desayuno.

La nutrición:

Calorías 160

Grasa 2

Fibra 5

Carbohidratos 12

Proteína 9

Magdalenas de zanahoria

Tiempo de preparación: 5 minutos

Tiempo de cocción: 20 minutos

Porciones: 4

Ingredientes:

1. 3 huevos, batidos
2. 1 cucharada de mantequilla derretida
3. 1 taza de zanahorias peladas y ralladas
4. 1 taza de crema de leche
5. ½ taza de harina de almendra
6. 1 taza de leche de almendras
7. Spray de cocina
8. 1 cucharada de levadura en polvo

Direcciones:

- En un bol, combine los huevos con la mantequilla, las zanahorias y los demás ingredientes, excepto el spray de cocina, y bata bien.
- Engrase un molde para muffins que se adapte a su freidora de aire con el spray de cocina, divida la mezcla de zanahorias dentro, ponga el molde en la freidora de aire y cocine a 392 grados F durante 20 minutos.
- Sirve las magdalenas para el desayuno.

La nutrición:

Calorías 190

Grasa 12

Fibra 2
Carbohidratos 11
Proteína 5

Desayuno Frittata de pimientos

Tiempo de preparación: 10 minutos

Tiempo de cocción: 10 minutos

Raciones: 2

Ingredientes:

1. 2 huevos grandes
2. 1 cucharada de pimientos picados
3. 1 cucharada de cebolleta picada
4. 1 hamburguesa de salchicha picada
5. 1 cucharada de mantequilla derretida
6. 2 cucharadas de queso cheddar
7. Pimienta
8. Sal

Direcciones:

- Agregue la hamburguesa de salchicha en la bandeja para hornear de la freidora de aire y cocine en la freidora de aire a 350 F durante 5 minutos.
- Mientras tanto, en un bol bata los huevos, la pimienta y la sal.
- Añade los pimientos, las cebollas y remueve bien.
- Vierta la mezcla de huevo sobre la hamburguesa de salchicha y revuelva bien.
- Espolvorear con queso y cocinar en la freidora a 350 F durante 5 minutos.
- Servir y disfrutar.

La nutrición:

Calorías 205

Grasa 14,7g

Colesterol 5g

Azúcar 4g

Proteína 12g

Colesterol 221 mg

Huevos revueltos

Tiempo de preparación: 10 minutos

Tiempo de cocción: 6 minutos

Raciones: 2

Ingredientes:
1. 4 huevos
2. 1/4 de cucharadita de ajo en polvo
3. 1/4 de cucharadita de cebolla en polvo
4. 1 cucharada de queso parmesano
5. Pimienta
6. Sal

Direcciones:
- Bata los huevos con el ajo en polvo, la cebolla en polvo, el queso parmesano, la pimienta y la sal.

- Vierta la mezcla de huevos en la fuente de horno de la freidora.
- Coloque el plato en la freidora de aire y cocine a 360 F durante 2 minutos. Revuelva rápidamente y cocine durante 3-4 minutos más.
- Remover bien y servir.

La nutrición:

Calorías 149

Grasa 9,1g

Colesterol 4,5g

Azúcar 1,1g

Proteína 11g

Colesterol 325 mg

Copas de huevo con salchicha

Tiempo de preparación: 10 minutos

Tiempo de cocción: 10 minutos

Raciones: 2

Ingredientes:

1. 1/4 de taza de batidos de huevo
2. 1/4 de salchicha, cocida y desmenuzada
3. 4 cucharaditas de queso jack, rallado
4. 1/4 de cucharadita de ajo en polvo
5. 1/4 de cucharadita de cebolla en polvo
6. 4 cucharadas de espinacas picadas
7. Pimienta
8. Sal

Direcciones:

- En un bol, bata todos los ingredientes hasta que estén bien combinados.
- Vierta la masa en los moldes de silicona para magdalenas y colóquelos en la cesta de la freidora de aire.
- Cocinar a 330 F durante 10 minutos.
- Servir y disfrutar.

La nutrición:

Calorías 90

Grasa 5g

Colesterol 1g

Azúcar 0,2g

Proteína 7g

Colesterol 14 mg

Pimientos rellenos de queso

Tiempo de preparación: 5 minutos

Tiempo de cocción: 8 minutos

Porciones: 8

Ingredientes:

1. 8 pimientos pequeños, cortar la parte superior de los pimientos
2. oz. de queso feta, cortado en cubos
3. 1 cucharada de aceite de oliva
4. 1 cucharadita de condimento italiano
5. 1 cucharada de perejil picado
6. ¼ cucharadita de ajo en polvo
7. Pimienta

8. Sal

Direcciones:

- En un bol, mezcle el queso con el aceite y el condimento.
- Rellene con queso cada uno de los pimientos y colóquelos en la cesta de la freidora.
- Cocinar a 400 F durante 8 minutos.
- Servir y disfrutar.

La nutrición:

Calorías 88

Grasa 5g

Colesterol 9g

Azúcar 6g

Proteína 3g

Colesterol 10 mg

Ensalada de pimientos asados

Tiempo de preparación: 10 minutos

Tiempo de cocción: 10 minutos

Porciones: 4

Ingredientes:

1. 4 pimientos
2. 2 oz. de hojas de rúcula
3. 2 cucharadas de aceite de oliva
4. 4 cucharadas de crema de leche
5. 1 cabeza de lechuga, desgarrada
6. 1 cucharada de zumo de lima fresco
7. Pimienta
8. Sal

Direcciones:

- Añada los pimientos en la cesta de la freidora de aire y cocínelos durante 10 minutos a 400 F.
- Saque los pimientos de la freidora de aire y déjelos enfriar durante 5 minutos.
- Pelar los pimientos cocidos y cortarlos en tiras y colocarlos en el bol grande.
- Añadir el resto de los ingredientes al bol y mezclar bien.
- Servir y disfrutar.

La nutrición:

Calorías 160

Grasa 13g

Colesterol 11g

Azúcar 6g

Proteína 2g

Colesterol 20 mg

Quiche sin corteza

Tiempo de preparación: 5 minutos

Tiempo de cocción: 30 minutos

Raciones: 2

Ingredientes:

1. 4 huevos
2. ¼ de taza de cebolla picada
3. ½ taza de tomates picados
4. ½ taza de leche
5. 1 taza de queso gouda rallado
6. Sal, al gusto

Direcciones:

- Precaliente la freidora a 340 o F y engrase ligeramente 2 moldes.
- Mezclar todos los ingredientes en una cazuela hasta que estén bien combinados.
- Colocar en la freidora de aire y cocinar durante unos 30 minutos.
- Sirva el plato y el plato.

La nutrición:

Calorías: 312

Grasa: 15g

Grasas saturadas: 4g

Grasas trans: 0g

Colesterol: 14g

Fibra: 2g
Sodio: 403mg
Proteínas: 25g

Huevos revueltos con leche

Tiempo de preparación: 10 minutos

Tiempo de cocción: 9 minutos

Raciones: 2

Ingredientes:

1. ¾ de taza de leche
2. 4 huevos
3. 8 tomates de uva, cortados por la mitad
4. ½ taza de queso parmesano rallado
5. 1 cucharada de mantequilla
6. Sal y pimienta negra, al gusto

Direcciones:

- Precaliente la freidora a 360 0 F y engrase una sartén para freír con mantequilla.

- Bata los huevos con la leche, la sal y la pimienta negra en un bol.
- Transfiera la mezcla de huevos a la sartén preparada y colóquela en la freidora.
- Cocine durante unos 6 minutos y añada los tomates de uva y el queso.
- Cocer durante unos 3 minutos y servir caliente.

La nutrición:

Calorías: 312

Grasa: 15g

Grasas saturadas: 4g

Grasas trans: 0g

Colesterol: 14g

Fibra: 2g

Sodio: 403mg

Proteínas: 25g

Tostadas y salchichas en el estanque de los huevos

Tiempo de preparación: 10 minutos
Tiempo de cocción: 22 minutos
Raciones: 2
Ingredientes:

1. 3 huevos
2. 2 salchichas cocidas, cortadas en rodajas
3. 1 rebanada de pan, cortada en bastones
4. 1/8 de taza de queso mozzarella rallado
5. 1/8 de taza de queso parmesano rallado
6. ¼ de taza de nata

Direcciones:

- Precaliente la freidora a 365 o F y engrase ligeramente 2 moldes.
- Bata los huevos con la crema en un bol y colóquelos en los ramequines.
- Incorpore las rebanadas de pan y de salchicha a la mezcla de huevos y cubra con queso.
- Ponga los moldes en la cesta de la freidora y cocínelos durante unos 22 minutos.
- Emplatar y servir caliente.

La nutrición:
Calorías: 261
Grasa: 15g

Grasas saturadas: 4g

Grasas trans: 0g

Colesterol: 14g

Fibra: 2g

Sodio: 403mg

Proteínas: 25 g

Sabrosas tazas de bacon

Tiempo de preparación: 10 minutos

Tiempo de cocción: 15 minutos

Porciones: 6

Ingredientes:

1. 6 rebanadas de tocino
2. 6 rebanadas de pan
3. 1 cebolleta picada
4. 3 cucharadas de pimiento verde sin semillas y picado
5. 6 huevos
6. 2 cucharadas de mayonesa baja en grasa

Direcciones:

- Precaliente la freidora a 375 o F y engrase 6 moldes de magdalenas con spray de cocina.
- Coloque cada rebanada de tocino en una taza para panecillos preparada.
- Cortar las rebanadas de pan con un cortador de galletas redondo y colocarlas sobre las rebanadas de tocino.
- Cubra con el pimiento, la cebolleta y la mayonesa de manera uniforme y ponga 1 huevo en cada taza de panecillo.
- Colocar en la freidora de aire y cocinar durante unos 15 minutos.
- Emplatar y servir caliente.

La nutrición:

Calorías: 260
Grasa: 15g
Grasas saturadas: 4g
Grasas trans: 0g
Colesterol: 14g
Fibra: 2g
Sodio: 403mg
Proteínas: 25g

Rosti de patata crujiente

Tiempo de preparación: 10 minutos

Tiempo de cocción: 15 minutos

Raciones: 2

Ingredientes:

1. ½ libra de patatas russet, peladas y ralladas en trozos
2. 1 cucharada de cebollino picado finamente
3. 2 cucharadas de chalotas picadas
4. 1/8 de taza de queso cheddar
5. onzas de salmón ahumado, cortado en rodajas
6. 2 cucharadas de crema agria
7. 1 cucharada de aceite de oliva

8. Sal y pimienta negra, al gusto

Direcciones:

- Precaliente la freidora a 365 o F y engrase una sartén para pizza con el aceite de oliva.
- Mezcle las patatas, las chalotas, el cebollino, el queso, la sal y la pimienta negra en un bol grande hasta que estén bien combinados.
- Transfiera la mezcla de patatas al molde para pizza preparado y colóquelo en la cesta de la freidora.
- Cocer durante unos 15 minutos y servir en una bandeja.
- Cortar el rosti de patata en gajos y cubrirlo con rodajas de salmón ahumado y crema agria para servirlo.

La nutrición:

Calorías: 327

Grasa: 15g

Grasas saturadas: 4g

Grasas trans: 0g

Colesterol: 14g

Fibra: 2g

Sodio: 403mg

Proteínas: 25g

Tortilla de jamón con estilo

Tiempo de preparación: 10 minutos

Tiempo de cocción: 30 minutos

Raciones: 2

Ingredientes:

1. 4 tomates pequeños, picados
2. 4 huevos
3. 2 lonchas de jamón
4. 1 cebolla picada
5. 2 cucharadas de queso cheddar
6. Sal y pimienta negra, al gusto

Direcciones:

- Precaliente la freidora a 390 o F y engrase una sartén para freír.
- Coloque los tomates en la sartén de la freidora y cocínelos durante unos 10 minutos.
- Calentar una sartén antiadherente a fuego medio y añadir la cebolla y el jamón.
- Saltear durante unos 5 minutos y pasar a la sartén de la freidora.
- Bata los huevos, la sal y la pimienta negra en un bol y viértalos en la sartén de la freidora.
- Poner la freidora a 335 o F y cocinar durante unos 15 minutos.
- Emplatar y servir caliente.

La nutrición:

Calorías: 255

Grasa: 15g

Grasas saturadas: 4g

Grasas trans: 0g

Colesterol: 14g

Fibra: 2g

Sodio: 403mg

Proteínas: 25g

Tortilla de tofu saludable

Tiempo de preparación: 10 minutos

Tiempo de cocción: 29 minutos

Raciones: 2

Ingredientes:

1. ¼ de cebolla picada
2. 12 onzas de tofu sedoso, prensado y cortado en rodajas
3. 3 huevos batidos
4. 1 cucharada de cebollino picado
5. 1 diente de ajo picado
6. 2 cucharaditas de aceite de oliva
7. Sal y pimienta negra, al gusto

Direcciones:

- Precaliente la freidora a 355 o F y engrase una sartén para freír con aceite de oliva.
- Añadir la cebolla y el ajo a la sartén engrasada y cocinar durante unos 4 minutos.
- Añade el tofu, los champiñones, el cebollino y sazona con sal y pimienta negra.
- Batir los huevos y verterlos sobre la mezcla de tofu.
- Cocer durante unos 25 minutos, pinchando los huevos dos veces entre medias.
- Emplatar y servir caliente.

La nutrición:

Calorías: 248

Grasa: 29g

Grasas saturadas: 3g

Grasas trans: 0g

Colesterol: 31g

Fibra: 4g

Sodio: 374mg

Proteínas: 47g

Pan de plátano con mantequilla de cacahuete

Tiempo de preparación: 15 minutos
Tiempo de cocción: 40 minutos
Porciones: 6
Ingredientes:
1. 1 taza más 1 cucharada de harina común
2. 1¼ cucharaditas de polvo de hornear
3. 1 huevo grande
4. 2 plátanos medianos maduros, pelados y triturados
5. ¾ de taza de nueces picadas
6. ¼ de cucharadita de sal, 1/3 de taza de azúcar granulada
7. ¼ de taza de aceite de canola, 2 cucharadas de mantequilla de cacahuete cremosa
8. 2 cucharadas de crema agria, 1 cucharadita de extracto de vainilla

Direcciones:

- Precalentar la freidora a 330 o F y engrasar una fuente de horno antiadherente. Mezcle la harina, la levadura en polvo y la sal en un bol. Bata el huevo con el azúcar, el aceite de canola, la crema agria, la mantequilla de cacahuete y el extracto de vainilla en un bol. Incorporar los plátanos y batir hasta que estén bien combinados. Ahora, añada la mezcla de harina e incorpore las nueces con cuidado.
- Mezclar hasta que se combinen y transferir la mezcla uniformemente a la fuente de hornear preparada. Coloque la fuente de horno en la cesta de la freidora y cocine durante unos 40 minutos. Sacar de la freidora y colocar en una rejilla para que se enfríe. Cortar el pan en rebanadas del tamaño deseado y servir.

La nutrición:

Calorías: 510

Grasa: 29g

Grasas saturadas: 3g

Grasas trans: 0g

Colesterol: 31g

Fibra: 4g

Sodio: 374mg

Proteínas: 47g

Deliciosas tostadas francesas saladas

Tiempo de preparación: 10 minutos

Tiempo de cocción: 4 minutos

Raciones: 2

Ingredientes:

1. ¼ de taza de harina de garbanzos
2. 3 cucharadas de cebolla, picada finamente
3. 2 cucharaditas de chile verde, sin semillas y picado finamente
4. Agua, según sea necesario
5. 4 rebanadas de pan
6. ½ cucharadita de chile rojo en polvo
7. ¼ de cucharadita de cúrcuma molida

8. ¼ de cucharadita de comino molido
9. Sal, al gusto

Direcciones:

- Precaliente la freidora de aire a 375 o F y forre una bandeja de freír con un papel de aluminio.
- Mezclar todos los ingredientes en un bol grande, excepto las rebanadas de pan.
- Extienda la mezcla por ambos lados de las rebanadas de pan y páselas a la sartén de la freidora.
- Cocinar durante unos 4 minutos y sacar de la freidora de aire para servir.

La nutrición:

Calorías: 339

Grasa: 12g

Grasas saturadas: 2g

Grasas trans: 0g

Colesterol: 16g

Fibra: 3,5g

Sodio: 362mg

Proteínas: 19g

Donas de arce hojaldradas

Tiempo de preparación: 10 minutos

Tiempo de cocción: 15 minutos más 1 hora para enfriar

Porciones: 15

Ingredientes:
1. 1 hoja de hojaldre congelada (15 por 10 pulgadas), descongelada
2. 2 cucharaditas de harina común
3. 2½ tazas de azúcar en polvo
4. 3 cucharadas de jarabe de arce puro
5. 2 cucharadas de leche al 2%.
6. 2 cucharadas de mantequilla derretida
7. ½ cucharadita de extracto de vainilla
8. ½ cucharadita de canela molida
9. Pizca de sal

Direcciones:
- Poner el hojaldre en una superficie de trabajo espolvoreada con la harina. Corta en 15 cuadrados cortando transversalmente en cinco tiras de 3 pulgadas de ancho y luego cortando cada tira en tercios.
- Ajuste o precaliente la freidora de aire a 325°F. Coloca un redondel de papel pergamino en el fondo de la cesta y añade tantos cuadrados de hojaldre como quepan sin que se toquen ni se superpongan.

- Hornear de 14 a 19 minutos o hasta que los donuts estén dorados y no estén pastosos por dentro. Enfriar en una rejilla. Repetir con el resto de la masa.
- En un tazón pequeño, combine el azúcar en polvo, el jarabe de arce, la leche, la mantequilla derretida, la vainilla, la canela y la sal y mezcle con un batidor de alambre hasta que se combinen.
- Deje que los donuts se enfríen durante aproximadamente 1 hora y, a continuación, sumerja la mitad superior de cada uno en el glaseado. Déle la vuelta al donut, con el glaseado hacia arriba, y colóquelo en una rejilla. Deje reposar hasta que se cuaje, y luego sirva.

La nutrición:

Calorías: 109

Grasa total: 3g

Grasa saturada: 1g

Colesterol: 4mg

Sodio: 32mg

Carbohidratos: 21g

Fibra: 0g

Proteínas: 0g

Pastel de café Muffins

Tiempo de preparación: 20 minutos

Tiempo de cocción: 15 minutos

Porciones: 6

Ingredientes:
1. 1⅓ tazas de harina común, dividida
2. 5 cucharadas de mantequilla derretida, divididas
3. ¼ de taza de azúcar moreno ligero envasado
4. ½ cucharadita de canela molida
5. ⅓ taza de azúcar granulada
6. ¼ de taza de leche al 2%
7. 1 huevo grande
8. 1 cucharadita de extracto de vainilla
9. 1 cucharadita de polvo de hornear
10. Pizca de sal
11. Spray antiadherente para hornear (con harina)

Direcciones:
- En un bol pequeño, combine ⅓ taza de harina, 2½ cucharadas de mantequilla, el azúcar moreno y la canela y mezcle hasta que se desmenuce. Reservar la cobertura de streusel.
- En un bol mediano, combine las 2½ cucharadas restantes de mantequilla, el azúcar granulado, la leche, el huevo y la vainilla y mezcle bien.

- Añada la 1 taza de harina restante, la levadura en polvo y la sal, y mézclelo todo hasta que esté combinado.
- Rocíe 6 moldes de silicona para muffins con spray para hornear.
- Vierta la mitad de la masa en los moldes para magdalenas preparados. Cubra cada uno de ellos con una cucharadita de streusel y, a continuación, añada el resto de la masa. Espolvorear cada magdalena con el streusel restante y presionar suavemente sobre la masa.
- Ajuste o precaliente la freidora de aire a 330°F. Coloque los moldes para panecillos en la cesta de la freidora. Hornee las magdalenas de 14 a 18 minutos o hasta que un palillo insertado en el centro de una magdalena salga limpio. Deje enfriar sobre una rejilla durante 10 minutos y saque las magdalenas de los moldes de silicona. Servir calientes o fríos.

La nutrición:

Calorías: 285

Grasa total: 11g

Grasas saturadas: 7g

Colesterol: 57mg

Sodio: 122mg

Carbohidratos: 42g

Fibra: 1g

Proteínas: 4g

Copas de manzana de avena al horno

Tiempo de preparación: 15 minutos

Tiempo de cocción: 15 minutos

Porciones: 6

Ingredientes:
1. ½ taza de compota de manzana sin azúcar
2. 1 huevo grande
3. ⅓ de taza de azúcar moreno envasado
4. 2 cucharadas de mantequilla derretida
5. ½ taza de leche al 2%
6. 1⅓ tazas de avena arrollada a la antigua
7. 1 cucharadita de canela molida
8. ½ cucharadita de levadura en polvo
9. Pizca de sal
10. ½ taza de manzana pelada en dados

11. Spray antiadherente para hornear (con harina)

Direcciones:

- En un tazón mediano, combine el puré de manzana, el huevo, el azúcar moreno, la mantequilla derretida y la leche y mezcle hasta que se combinen.
- Añadir la avena, la canela, la levadura en polvo y la sal y remover hasta que se mezclen. Incorporar la manzana.
- Rocíe 6 moldes de silicona para magdalenas con spray para hornear. Dividir la masa entre los moldes para magdalenas.
- Ajuste o precaliente la freidora de aire a 350°F. Coloque los moldes para panecillos en la cesta de la freidora. Hornee los moldes de 13 a 18 minutos o hasta que estén firmes al tacto. Deje enfriar durante 15 minutos antes de servir.

La nutrición:

Calorías: 254

Grasa total: 8g

Grasa saturada: 3g

Colesterol: 43mg

Sodio: 82mg

Carbohidratos: 40g

Fibra: 4g

Proteínas: 8g

Fruta asada con bacon y yogur

Tiempo de preparación: 15 minutos

Tiempo de cocción: 20 minutos

Porciones: 4

Ingredientes:

1. 3 rebanadas de tocino
2. 1 manzana Granny Smith, pelada y cortada en cubos
3. 1 pera Bosc, pelada y cortada en cubos
4. 1 taza de piña enlatada en cubos
5. 2 cucharadas de azúcar
6. ½ cucharadita de canela molida
7. 2 tazas de yogur griego natural

Direcciones:

- Poner una rejilla dentro de un molde para tartas de 7 pulgadas. Corta las lonchas de beicon por la mitad en sentido transversal y ponlas en la rejilla.
- Ajuste o precaliente la freidora de aire a 350°F. Coloque el molde en la cesta de la freidora de aire. Cocine el tocino durante 7 minutos y luego compruebe si está listo. Cocine durante 2 o 3 minutos más, si es necesario, hasta que esté crujiente.
- Retira el bacon de la rejilla y colócalo en toallas de papel para escurrirlo. Retira la rejilla y saca de la sartén toda la grasa del bacon excepto 2 cucharaditas.

- Poner o precalentar la freidora de aire a 380°F. Añadir la manzana, la pera y la piña a la grasa de la sartén. Espolvorear con el azúcar y la canela y mezclar.
- Asar la fruta de 10 a 15 minutos, removiendo la mezcla cada 5 minutos, hasta que la fruta esté tierna y dorada en los bordes.
- Desmenuza el bacon y añádelo a la fruta; sírvelo sobre el yogur.

La nutrición:

Calorías: 211

Grasa total: 7g

Grasa saturada: 4g

Colesterol: 24mg

Sodio: 203mg

Carbohidratos: 30g

Fibra: 3g

Proteínas: 8g

Huevos revueltos con queso

Tiempo de preparación: 5 minutos

Tiempo de cocción: 14 minutos

Porciones: 4

Ingredientes:

1. 8 huevos grandes
2. ¼ de taza de crema agria
3. ¼ de taza de leche entera
4. ¼ de cucharadita de sal
5. Una pizca de pimienta negra recién molida
6. 3 cucharadas de mantequilla, divididas
7. 1 taza de queso Cheddar rallado
8. 1 cucharada de cebollino fresco picado

Direcciones:

- En un bol mediano, bata los huevos con la crema agria, la leche, la sal y la pimienta hasta que estén espumosos.
- Ponga 2 cucharadas de mantequilla en un recipiente para pasteles, póngalo en la freidora de aire y programe o precaliente a 350°F. La mantequilla se derretirá mientras la freidora de aire se precalienta.
- Retire el barril de la cesta de la freidora de aire. Añada la mezcla de huevo al barril de pastel y vuelva a ponerlo en la freidora de aire.
- Cocer durante 4 minutos y luego remover los huevos con una espátula resistente al calor.

- Cocer durante 3 minutos más y volver a remover.
- Cocine durante 3 minutos más, luego agregue la cucharada restante de mantequilla y el Cheddar y revuelva suavemente.
- Cocinar de 2 a 4 minutos más o hasta que los huevos estén recién cuajados.
- Sacar el barril de pastel de la freidora de aire y poner los huevos en una fuente de servir. Espolvorear con el cebollino y servir.

La nutrición:

Calorías: 371;

Grasa total: 31g;

Grasas saturadas: 16g;

Colesterol: 433mg;

Sodio: 551mg;

Carbohidratos: 2g;

Fibra: 0g;

Proteínas: 20g

Panecillos de Grosella de Soda

Tiempo de preparación: 15 minutos

Tiempo de cocción: 15 minutos

Porciones: 6

Ingredientes:
1. 1 taza de harina de uso general
2. 2 cucharadas de harina de trigo integral
3. 1 cucharadita de polvo de hornear
4. ⅛ cucharadita de bicarbonato de sodio
5. Pizca de sal
6. 3 cucharadas de azúcar moreno ligero
7. ½ taza de grosellas secas
8. 1 huevo grande

9. ⅓ taza de suero de leche
10. 3 cucharadas de mantequilla derretida
11. Spray antiadherente para hornear (con harina)

Direcciones:

- En un bol mediano, combinar las harinas, la levadura en polvo, el bicarbonato, la sal y el azúcar moreno y mezclar hasta que se combinen. Incorpore las grosellas.
- En un tazón pequeño, combine el huevo, el suero de leche y la mantequilla derretida y revuelva hasta que se mezclen.
- Añadir la mezcla de huevos a la mezcla de harina y remover hasta que se combinen.
- Rocíe 6 moldes de silicona para magdalenas con spray para hornear. Dividir la masa entre los moldes para magdalenas, llenando cada uno de ellos a dos tercios.
- Ajuste o precaliente la freidora de aire a 350°F. Coloque los moldes para panecillos en la cesta de la freidora. Hornee los muffins de 14 a 18 minutos o hasta que un palillo insertado en el centro salga limpio.
- Enfriar sobre una rejilla durante 10 minutos antes de servir.

La nutrición:

Calorías: 204

Grasa total: 7g

Grasa saturada: 4g

Colesterol: 47mg

Sodio: 140mg
Carbohidratos: 32g
Fibra: 2g
Proteínas: 5g

Tostada francesa rellena de frambuesa

Tiempo de preparación: 15 minutos

Tiempo de cocción: 8 minutos

Porciones: 4

Ingredientes:
1. 4 rebanadas (de 1 pulgada de grosor) de pan francés
2. 2 cucharadas de mermelada de frambuesa
3. ⅓ taza de frambuesas frescas
4. 2 yemas de huevo
5. ⅓ taza de leche al 2%.
6. 1 cucharada de azúcar
7. ½ cucharadita de extracto de vainilla
8. 3 cucharadas de crema agria

Direcciones:
1. Corta un bolsillo en el lado de cada rebanada de pan, asegurándote de no cortar hasta el otro lado.
2. En un bol pequeño, combinar la mermelada de frambuesa y las frambuesas y aplastar las frambuesas en la mermelada con un tenedor.
3. En un recipiente poco profundo, bata las yemas de huevo con la leche, el azúcar y la vainilla hasta que se combinen.

4. Extiende un poco de la crema agria en el hueco que has cortado en las rebanadas de pan, y luego añade la mezcla de frambuesas. Aprieta ligeramente los bordes del pan para cerrar la abertura.
5. Sumergir el pan en la mezcla de huevo, dejándolo reposar en el huevo durante 3 minutos. Dale la vuelta al pan y déjalo reposar por el otro lado durante 3 minutos.
6. Ajuste o precaliente la freidora de aire a 375°F. Coloque el pan relleno en la cesta de la freidora en una sola capa.
7. Fría al aire libre durante 5 minutos, luego voltee cuidadosamente las rebanadas de pan y cocine durante otros 3 a 6 minutos, hasta que las tostadas francesas estén doradas.

La nutrición:

Calorías: 278

Grasa total: 6g

Grasa saturada: 3g

Colesterol: 99mg

Sodio: 406mg

Carbohidratos: 46g

Fibra: 2g

Proteínas: 9g

Rollos de manzana

Tiempo de preparación: 20 minutos

Tiempo de cocción: 20 minutos

Porciones: 8

Ingredientes:

- 3 cucharadas de canela molida
- 3 cucharadas de azúcar granulado
- 2 cucharaditas de nuez moscada molida
- 1 cucharadita de cardamomo molido
- ½ cucharadita de pimienta de Jamaica molida
- 2 manzanas Granny Smith grandes, peladas y sin corazón
- 10 cucharadas de mantequilla derretida, divididas
- 2 cucharadas de azúcar moreno claro

- 8 rebanadas finas de pan de molde blanco, sin corteza.

Direcciones:

1. En un molde de 7 pulgadas envuelto en papel de aluminio para evitar fugas, combine el aceite de oliva, los tomates cherry, los tomates ciruela, la salsa de tomate, las cebolletas, el ajo, la miel, la sal y la cayena.
2. Ajuste o precaliente la freidora de aire a 375°F. Coloque la sartén en la cesta de la freidora de aire. Cocine la mezcla de tomates durante 15 a 20 minutos, revolviendo dos veces durante el tiempo de cocción, hasta que los tomates estén blandos.
3. Utilice un tenedor para triturar algunos de los tomates en la sartén, y luego revuelva los tomates triturados en la salsa.
4. Romper los huevos en la salsa. Vuelva a colocar la sartén en la freidora de aire.
5. Cocinar durante unos 2 minutos o hasta que las claras empiecen a cuajar. Retire la sartén de la freidora de aire y revuelva suavemente los huevos en la salsa, mezclándolos a través de la salsa. No los mezcle completamente.
6. Continúe cocinando la mezcla hasta que los huevos estén apenas cuajados, de 4 a 8 minutos más.
7. Enfriar durante 10 minutos y servir.

La nutrición:

Calorías: 232

Grasa total: 15g
Grasas saturadas: 9g
Colesterol: 38mg
Sodio: 249mg
Carbohidratos: 21g
Fibra: 4g
Proteínas: 4g

Bocados de huevo a la pimienta

Tiempo de preparación: 15 minutos

Tiempo de cocción: 15 minutos

Porciones: 7

Ingredientes:

- 5 huevos grandes, batidos
- 3 cucharadas de leche al 2%.
- ½ cucharadita de mejorana seca
- ⅛ cucharadita de sal
- Una pizca de pimienta negra recién molida
- ⅓ taza de pimiento picado, de cualquier color

- 3 cucharadas de cebolletas picadas
- ½ taza de queso Colby o Muenster rallado

Direcciones:

1. En un tazón mediano, combine los huevos, la leche, la mejorana, la sal y la pimienta negra; mezcle hasta que se combinen.
2. Añade los pimientos, las cebolletas y el queso. Llene las 7 tazas de huevo con la mezcla de huevo, asegurándose de obtener algunos de los sólidos en cada taza. Precaliente la freidora a 325°F.
3. Haz un cabestrillo de papel de aluminio: Dobla un trozo de papel de aluminio resistente de 18 pulgadas a lo largo en tercios. Coloque la bandeja de huevos en esta eslinga y bájela a la freidora.
4. Deje el papel de aluminio en la freidora de aire, pero doble los bordes para que quepan en el aparato.
5. Hornea los bocadillos de huevo de 10 a 15 minutos o hasta que un palillo insertado en el centro salga limpio.
6. Utilizar la eslinga de aluminio para retirar el molde de los bocados de huevo. Deje que se enfríe durante 5 minutos y, a continuación, invierta el molde en un plato para retirar los bocados de huevo. Sírvelos calientes.

La nutrición:

Calorías: 87

Grasa total: 6g

Grasa saturada: 3g

Colesterol: 141mg
Sodio: 149mg
Carbohidratos: 1g
Fibra: 0g
Proteínas: 7g

Granola de frutos secos crujientes

Tiempo de preparación: 10 minutos
Tiempo de cocción: 15 minutos
Porciones: 6
Ingredientes:

- 2 tazas de copos de avena a la antigua usanza
- ¼ de taza de pistachos
- ¼ de taza de nueces picadas
- ¼ de taza de anacardos picados
- ¼ de taza de miel
- 2 cucharadas de azúcar moreno claro
- 3 cucharadas de mantequilla
- ½ cucharadita de canela molida
- Spray antiadherente para hornear (con harina)
- ½ taza de cerezas secas

Direcciones:

1. En un bol mediano, combinar la avena, los pistachos, las nueces y los anacardos y mezclar.
2. En un cazo pequeño, combinar la miel, el azúcar moreno, la mantequilla y la canela. Cocinar a fuego lento, removiendo con frecuencia, hasta que la mantequilla se derrita y la mezcla esté suave, unos 4 minutos. Verter sobre la mezcla de avena y remover.
3. Rocíe un molde desmontable de 7 pulgadas con spray para hornear. Añade la mezcla de granola.

4. Ajuste o precaliente la freidora de aire a 325°F. Coloque la sartén en la cesta de la freidora de aire. Cocine durante 7 minutos, luego retire la sartén y revuelva. Siga cocinando de 6 a 9 minutos o hasta que la granola esté ligeramente dorada. Incorpore las cerezas secas.
5. Retirar la sartén de la freidora de aire y dejar enfriar, removiendo un par de veces mientras la granola se enfría. Guardar en un recipiente tapado a temperatura ambiente hasta 4 días.

La nutrición:

Calorías: 446

Grasa total: 18g

Grasa saturada: 5g

Colesterol: 15mg

Sodio: 51mg

Carbohidratos: 64g

Fibra: 7g

Proteínas: 11g

Pizza de desayuno

Tiempo de preparación: 10 minutos

Tiempo de cocción: 15 minutos

Porciones: 4

Ingredientes:

- 4 rebanadas (de ½ pulgada de grosor) de pan francés, cortadas en diagonal
- 6 cucharaditas de mantequilla, divididas
- 4 huevos grandes
- 2 cucharadas de nata líquida
- ½ cucharadita de albahaca seca
- ¼ de cucharadita de sal marina
- ⅛ cucharadita de pimienta negra recién molida
- 4 rebanadas de tocino, cocidas hasta que estén crujientes y desmenuzadas

- ⅔ taza de queso Colby o Muenster rallado

Direcciones:

1. Unte cada rebanada de pan con 1 cucharadita de mantequilla y colóquela en la cesta de la freidora.
2. Ajuste o precaliente la freidora de aire a 350°F. Tostar el pan de 2 a 3 minutos o hasta que esté ligeramente dorado. Retirar de la freidora de aire y reservar en una rejilla.
3. Derrita las 2 cucharaditas de mantequilla restantes en un molde de 6 pulgadas en la freidora de aire durante 1 minuto. Retira la cesta de la freidora de aire.
4. En un bol mediano, bata los huevos, la nata, la albahaca, la sal y la pimienta y añádalo a la mantequilla derretida en la sartén. Vuelva a colocar la cesta en la freidora. Cocine durante 3 minutos y luego revuelva. Cocinar de 3 a 5 minutos más o hasta que los huevos estén bien cuajados. Saque los huevos de la sartén y póngalos en un bol.
5. Cubra el pan con la mezcla de huevos revueltos, el bacon y el queso. Vuelva a ponerlo en la cesta de la freidora. Cocine de 4 a 8 minutos o hasta que el queso se derrita y comience a dorarse en algunos puntos.
6. Dejar enfriar 5 minutos y servir.

La nutrición:

Calorías: 425

Grasa total: 23g

Grasa saturada: 11g
Colesterol: 233mg
Sodio: 947mg
Carbohidratos: 34g
Fibra: 1g
Proteínas: 21g

Frittata de verduras

Tiempo de preparación: 15 minutos

Tiempo de cocción: 25 minutos

Porciones: 4

Ingredientes:

- ¼ de taza de pimiento rojo picado
- ¼ de taza de calabaza amarilla picada
- 2 cucharadas de cebollino picado
- 2 cucharadas de mantequilla
- 5 huevos grandes, batidos

- ¼ de cucharadita de sal marina
- ⅛ cucharadita de pimienta negra recién molida
- 1 taza de queso Cheddar rallado, dividido

Direcciones:

1. En un molde de 7 pulgadas, combine el pimiento, la calabaza de verano y la cebolleta. Añade la mantequilla.
2. Ajuste o precaliente la freidora de aire a 350°F. Coloque el molde en la cesta de la freidora. Cocine las verduras durante 3 o 4 minutos o hasta que estén crujientes. Saque el molde de la freidora de aire.
3. En un bol mediano, bata los huevos con la sal y la pimienta. Añada la mitad del queso Cheddar. Vierta en la sartén con las verduras.
4. Vuelva a colocar la sartén en la freidora de aire y cocine de 10 a 15 minutos, luego cubra la frittata con el queso restante. Cocine durante otros 4 o 5 minutos o hasta que el queso se derrita y la frittata esté lista. Cortar en trozos para servir.

La nutrición:

Calorías: 260

Grasa total: 21g

Grasas saturadas: 11g

Colesterol: 277mg

Sodio: 463mg

Carbohidratos: 2g

Fibra: 0g

Proteínas: 15g

Patatas picantes Hash Brown

Tiempo de preparación: 15 minutos

Tiempo de cocción: 20 minutos

Porciones: 4

Ingredientes:
- 2 cucharadas de chile en polvo
- 2 cucharaditas de comino molido
- 2 cucharaditas de pimentón ahumado
- 1 cucharadita de ajo en polvo
- 1 cucharadita de pimienta de cayena
- 1 cucharadita de pimienta negra recién molida
- 2 patatas russet grandes, peladas
- 2 cucharadas de aceite de oliva
- ⅓ taza de cebolla picada
- 3 dientes de ajo picados

- ½ cucharadita de sal marina

Direcciones:

1. Para la mezcla de especias: En un bol pequeño, combine el chile en polvo, el comino, el pimentón ahumado, el ajo en polvo, la cayena y la pimienta negra. Páselo a un tarro de cristal con tapa de rosca y guárdelo en un lugar fresco y seco. (Una parte de la mezcla de especias se utiliza en esta receta; guarde el resto para otros usos).
2. Rallar las patatas en un procesador de alimentos o en los agujeros grandes de un rallador de caja. Poner las patatas en un bol lleno de agua helada y dejarlas reposar durante 10 minutos.
3. Cuando las patatas estén en remojo, escúrrelas y sécalas bien con un paño de cocina.
4. Ponga el aceite de oliva, la cebolla y el ajo en un molde de 7 pulgadas.
5. Ajuste o precaliente la freidora de aire a 400°F. Ponga la mezcla de cebollas en la freidora de aire y cocine durante 3 minutos, luego retírela.
6. Poner las patatas ralladas en un bol mediano y espolvorear con 2 cucharaditas de la mezcla de especias y mezclar. Añadir al molde con la mezcla de cebolla.

7. Cocinar en la freidora de aire durante 10 minutos, luego remover las patatas suavemente pero a fondo. Cocinar de 8 a 12 minutos más o hasta que las patatas estén crujientes y ligeramente doradas. Sazone con sal.

La nutrición:

Calorías: 235

Grasa total: 8g

Grasa saturada: 1g

Colesterol: 0mg

Sodio: 419mg

Carbohidratos: 39g

Fibra: 5g

Proteínas: 5g

Hamburguesas de salchicha de pera y salvia

Tiempo de preparación: 15 minutos

Tiempo de cocción: 20 minutos

Porciones: 6

Ingredientes:

- 1 libra de carne de cerdo molida
- ¼ de taza de pera fresca cortada en dados
- 1 cucharada de hojas de salvia fresca picada
- 1 diente de ajo picado
- ½ cucharadita de sal marina
- ⅛ cucharadita de pimienta negra recién molida

Direcciones:

1. En un bol mediano, combine la carne de cerdo, la pera, la salvia, el ajo, la sal y la pimienta, y mezcle suavemente pero a fondo con las manos.
2. Formar la mezcla en 8 hamburguesas iguales de aproximadamente ½ pulgada de grosor.
3. Precaliente la freidora a 375°F. Coloque las hamburguesas en la cesta de la freidora en una sola capa. Es posible que tenga que cocinar las hamburguesas en tandas.

4. Cocine las salchichas durante 15 a 20 minutos, dándoles la vuelta a mitad de la cocción, hasta que un termómetro de carne registre 160°F. Sacarlas de la freidora, escurrirlas en papel de cocina durante unos minutos y servirlas.

La nutrición:

Calorías: 204

Grasa total: 16g

Grasas saturadas: 6g

Colesterol: 54mg

Sodio: 236mg

Carbohidratos: 1g

Fibra: 0g

Proteínas: 13g

Bombas de tocino

Tiempo de preparación: 10 minutos

Tiempo de cocción: 16 minutos

Porciones: 4

Ingredientes:

- 3 rebanadas de tocino cortadas al centro
- 3 huevos grandes, ligeramente batidos
- 1 oz de queso crema sin grasa, ablandado
- 1 cucharada de cebollino fresco picado
- 4 oz de masa de pizza integral fresca
- Spray de cocina

Direcciones:

1. Dorar las lonchas de bacon en una sartén hasta que estén crujientes y picarlas en trozos finos. Añada los huevos a la misma sartén y cocínelos durante 1 minuto, luego añada el queso crema, el cebollino y el tocino. Mezcle bien y deje que el relleno de huevo se enfríe. Extienda la masa de pizza y córtela en cuatro círculos de 5 pulgadas. Divida el relleno de huevo en la parte superior de cada círculo y selle su borde para hacer bolas de masa. Coloque las bombas de bacon en la cesta de la Air Fryer y rocíelas con aceite de cocina. Coloque la cesta de la Air Fryer dentro del horno tostador de la Air Fryer y cierre la tapa. Seleccione el modo Air Fry a 350 grados F durante 6 minutos. Sirva caliente.

La nutrición:

Calorías: 278

Proteínas: 7,9g

Carbohidratos: 23g

Grasa: 3,9g

Patatas de la mañana

Tiempo de preparación: 10 minutos

Tiempo de cocción: 23 minutos

Porciones: 4

Ingredientes:

- 2 patatas russet, lavadas y cortadas en dados
- ½ cucharadita de sal
- 1 cucharada de aceite de oliva
- ¼ cucharadita de ajo en polvo
- Perejil picado, para decorar

Direcciones:

1. Remojar las patatas en agua fría durante 45 minutos, luego escurrirlas y secarlas. Mezcle los cubos de patata con ajo en polvo, sal y aceite de oliva en la cesta de la Air Fryer. Coloque la cesta de la Air Fryer dentro del horno tostador de la Air Fryer y cierre la tapa. Seleccione el modo Air Fry a una temperatura de 400 grados F durante 23 minutos. Revuélvalos bien cuando estén cocidos a la mitad y continúe la cocción. Adorne con perejil picado para servir.

La nutrición:

Calorías: 146

Proteínas: 6,2g

Carbohidratos: 41,2g

Grasa: 5g

Bolsillos para el desayuno

Tiempo de preparación: 10 minutos

Tiempo de cocción: 10 minutos

Porciones: 6

Ingredientes:

- 1 caja de hojas de hojaldre
- 5 huevos
- ½ taza de salchicha suelta, cocida
- ½ taza de tocino cocido
- ½ taza de queso cheddar rallado

Direcciones:

1. Cocine el huevo en una sartén durante 1 minuto y luego mézclelo con las salchichas, el queso cheddar y el bacon. Extiende la lámina de hojaldre y córtala en cuatro rectángulos de igual tamaño.
2. Dividir la mezcla de huevo sobre cada rectángulo. Dobla los bordes alrededor del relleno y séllalos. Coloque los bolsillos en la cesta de la Air Fryer. Coloque la cesta de la Air Fryer dentro del horno tostador de la Air Fryer y cierre la tapa. Seleccione el modo Air Fry a 370 grados F durante 10 minutos. Sirva caliente.

La nutrición:

Calorías: 387

Proteínas: 14,6g

Carbohidratos: 37,4g

Grasa: 6g

Flautas de aguacate

Tiempo de preparación: 10 minutos
Tiempo de cocción: 24 minutos
Porciones: 8
Ingredientes:
- 1 cucharada de mantequilla
- 8 huevos batidos
- ½ cucharadita de sal
- ¼ de cucharadita de pimienta
- 1 ½ cucharadita de comino
- 1 cucharadita de chile en polvo
- 8 tortillas tamaño fajita
- 4 oz de queso crema, ablandado
- 8 rebanadas de tocino cocido
- Crema de aguacate:
- 2 aguacates pequeños
- ½ taza de crema agria
- 1 lima, exprimida
- ½ cucharadita de sal
- ¼ de cucharadita de pimienta

Direcciones:

1. En una sartén, derrita la mantequilla y añada los huevos, la sal, el comino, la pimienta y el chile en polvo, y cocine durante 4 minutos. Extiende todas las tortillas y cúbrelas con queso crema y tocino. A continuación, reparte el revuelto de huevos por encima y, por último, añade el queso. Enrolla las tortillas para sellar el relleno en su interior. Coloca 4 rollos en la cesta de la Air Fryer. Coloca la cesta de la Air Fryer dentro del horno tostador de la Air Fryer y cierra la tapa. Seleccione el modo Air Fry a 400 grados F durante 12 minutos. Cocine los rollos de tortilla restantes de la misma manera. Mientras tanto, mezcle los ingredientes de la crema de aguacate en una licuadora y sírvala con las flautas calientes.

La nutrición:
Calorías: 212
Proteínas: 17,3g
Carbohidratos: 14,6g
Grasa: 11,8g

Bocadillos de queso

Tiempo de preparación: 10 minutos

Tiempo de cocción: 10 minutos

Raciones: 2

Ingredientes:
- 1 huevo
- 3 cucharadas de nata líquida
- ¼ de cucharadita de extracto de vainilla
- 2 rebanadas de pan de masa fermentada, blanco o multicereales

- 2½ oz de queso suizo en rodajas
- 2 oz de jamón en lonchas
- 2 oz de pavo en rodajas
- 1 cucharadita de mantequilla derretida
- Azúcar en polvo
- Mermelada de frambuesa, para servir

Direcciones:
1. Bata el huevo con la media crema y el extracto de vainilla en un bol. Colocar una rebanada de pan en la superficie de trabajo y cubrirla con la rebanada de jamón y pavo y el queso suizo.
2. Coloque la otra rebanada de pan encima, luego sumerja el sándwich en la mezcla de huevo y colóquelo en una bandeja de horno adecuada forrada con mantequilla. Coloque la bandeja de horno dentro del horno tostador Air Fryer y cierre la tapa. Seleccione el modo Air Fry a 350 grados F durante 10 minutos. Déle la vuelta al sándwich y continúe la cocción durante 8 minutos. Cortar y servir.

La nutrición:

Calorías: 412

Proteínas: 18,9g

Carbohidratos: 43,8g

Grasa: 24,8g

Conclusión

Gracias por haber llegado hasta el final de este libro. Una freidora de aire es una adición relativamente nueva a la cocina, y es fácil ver por qué la gente se entusiasma con su uso. Con una freidora de aire, puede hacer patatas fritas crujientes, alas de pollo, pechugas de pollo y filetes en minutos. Hay muchos alimentos deliciosos que puedes preparar sin añadir aceite o grasa a tu comida. Una vez más, asegúrese de leer las instrucciones de su freidora de aire y de seguir las normas de uso y mantenimiento adecuados. Una vez que su freidora de aire esté en buenas condiciones de funcionamiento, puede ser realmente creativo y comenzar a experimentar su camino hacia la comida saludable que sabe muy bien.

Eso es todo. ¡Gracias!

CPSIA information can be obtained
at www.ICGtesting.com
Printed in the USA
BVHW061117020421
604005BV00007B/764